目次

JN071799

はじめに

　世の中はスマートフォン時代となり、多くの人たちは、インターネットで情報は何でも入手できると思っています。しかし、スマートフォン等などのインターネット情報は、多くの利用者に共有されており、オリジナリティーを出すことは困難です。他の人よりも一段高い・深い内容のものを作成するには、より普遍性の高い価値ある情報とされている学術文献をできるだけ多く利用する必要があります。また、検索エンジンでヒットしたサイトは多くの人が使っているため、検索エンジンを単に使うだけでは他の人との差をつけるのは困難です。

　特にレポート・卒論においてインターネット上のフリー百科事典である**「ウィキペディア（Wikipedia）」**の活用は、避けた方が無難です。使うなら、あくまでも参考程度に留め、引用文や参考文献に取りあげることは避けた方が良いでしょう。なぜなら、大学の学部・学科において活用を禁止している例があるからです。その理由は、情報の精度・信憑性に問題があるとされる点にあります。ウィキペディアは、インターネット上の百科事典ではあるものの、素人・玄人のミックス状態で作られ、学術的な信憑性に欠ける情報も数多く存在します。ですから、レポート・卒論作成には、学術的に評価された文献をできるだけ多く活用するのが重要な鍵となり、評価の高い成果物を作るには、学術文献を上手に入手し、それらを活用することが必要です。そのためには、「文献調査法」を知ることが重要なのです。

第1章 レポート・卒論作成に必要な作成のステップを知っている？

レポート・卒論を作成するには、作成のステップがあることを知っているでしょうか。このステップを理解し、そのステップに合わせて作業を進めれば、誰でも良いレポート・卒論を書くことができると言われています。

以下は、高校生に向けた作成法の指針ではありますが、「学校図書館のレポート作成法」を参考のために紹介しておきます。

『わたしたちの学校図書館 高等学校（読書ノート）2017』 山口県学校図書館協議会より

1) テーマの設定
①予備調査→参考図書の活用　②身近な人に聞いてみる　③具体的にテーマを絞る

2) 情報の収集
①自分の学校図書館の資料の利用 ②その他の図書館の資料の利用→県立市町村立図書館、国立国会図書館 ③インターネットの利用 ④実地調査 ⑤インタビュー

3) 参考資料リストの作成
引用の仕方「　」（　）、出所明記、など

これらは大学でのレポート作成の参考にもなりますが、大学生になると学生時代の大きな作業として、卒論作成があります。高校までの指針では卒業に必要なレベルの高い卒論を書くことは困難なため、本書では、大学で必要とされるレポート・卒論作成のステップを紹介していきます。

1-1.「与えられたテーマ」に対するレポート作成のステップ

・主に低学年（1・2年生）レポート向き

　大学の 1・2 年次での学部・学科目の授業で出される課題レポートの多く
は、指導教員から課題テーマが最初に出されることが多いです。こうした場
合は、ビデオ資料『**新・図書館の達人 レポート・論文作成法　第 6 巻　誰
にでも書ける 10 のステップ**―（紀伊國屋書店）』で紹介されている 1、2
年生向きの 10 のステップを中心に展開すると、意外とスムーズにレポート
を作成することができます。次の「10 のステップ」を紹介しながら、留意
点を述べましょう。

ステップ1【テーマの選択】

低学年の場合は、自由テーマというよりも課題テーマが与えられることが多いため、ここでは、テーマは指導教員から与えられているものとします。

ステップ2【事前調査】

インターネット情報も使えますが、内容の正確性・信憑性が高い事典・辞典・便覧・ハンドブックなど、主題テーマがコンパクトにまとめられた「調べるための本」の活用が良いでしょう。レポートテーマに関する周辺知識も押さえつつ、調べながら、重要と思われる用語を拾い出し、書き出しておくと、調査のキーワードとして役に立ちます。

ステップ3【仮アウトラインの作成(目次=章)】

事前調査で得た、レポートテーマに関する知識を使い、仮のアウトラインを作成。一番の注意点は、仮アウトラインを作らず、思いつくままダイレクトに原稿化しないこと。これを行うと、後で無駄になることがあります。仮アウトラインを作ることは、結果的に時短につながります。

ステップ4【関連文献の調査】

仮アウトラインが決まったら、それに合わせて関連文献を調査。レポート作成に使える文献には、本もあれば雑誌記事や新聞記事、また、視聴覚資料もあります。何に重きを置くかは、後述する各学部・学科系の文献の特性によって左右されるので、自分が書くべきテーマをよく理解し、適切に関連文献を調査するようにします。

ステップ5【文献の入手】

レポートを書くだけの文献量が確保できれば、次は文献収集。文献の現物は、インターネット上で無料公開されているものもあるので、後述の文献入手法を参考に。自館になく他の大学図書館に所蔵している場合は、大学図書館同士の相互貸借制度や相互複写制度を利用しましょう。国立国会図書館にしかなくても、図書館を通せば本を借りられます。他の図書館を利用する場合の相談窓口はレファレンスサービスが一般的。

ステップ 6 【文献の解読と整理】

文献の収集後、仮アウトラインに対して文献量が適切か否かを確認します。複写（コピー）したものは、クリアファイルか封筒に入れ、目次・章の見出しを書き、複写した文献には著編者名・書名・出版者・出版年・頁など必要な書誌事項を記入。これが、仕上げ段階で作成する巻末の引用文献、参考文献表示に必要になります。文献番号（文献リストと対比）を書いておくのも良いでしょう。これにより、追跡調査が時短可能に。巻末の文献一覧を念頭に置いて作業をする必要があります。文献の整理後、解読に入ります。

ステップ 7 【最終アウトライン作成】

文献を解読した結果、レポート作成に不向きなものや、目次合わせをしてみると文献量に凸凹が出る場合は、目次を増減したり、小項目目次を調整したりするなどして、最終的な目次体系を確定します。

ステップ 8 【執筆・校正】

執筆は、この段階まで我慢するとかなりの時短になります。執筆を終えたら、数日間の間隔を置き推敲。時間を空けることによって、新しい目線で校正（推敲）することができ、不適切な部分を発見しやすくなります。親しい人など、第三者に一読してもらうのもお勧めです。

ステップ 9 【出典の表示】

使った引用文献や参考文献の書誌事項を巻末にまとめます。使った文献は、文中に引用した「引用文献」と、文章を書くにあたって参考にした「参考文献」に分かれますが、これらには、引用番号や参考文献番号などを付し、文中での使用箇所と巻末文献とを連動させ、巻末文献を見れば詳しい書誌事項（著編者名・書名・出版者・出版年・頁など）が分かるように記載します。出典表示は、第三者が追従研究をする際、文献入手に困らないように正しく書いておくことが重要です。

ステップ 10 【仕上げ】

指導教員の指示がある場合は、その指示に従います。特にない場合でも、形式を整えたり、表紙を付けたりし完成させましょう。

1-2. 卒論などの「個人設定テーマ」に対する作成のステップ

・主に高学年（3・4年生）卒論向き

　卒論のテーマは、原則として自由テーマとなり、自分でテーマを決める必要がありますが、何でも良いというケースは少なく、指導教員の専門性の範囲の中でテーマ設定をする方がはるかに多いです。自分の意志も尊重しつつ、指導教員とよく相談しながら決定します。

　自分でテーマを選択するのが一般的となると、前述した『新・図書館の達人 レポート・論文作成法　第6巻　誰にでも書ける10のステップ―（紀伊國屋書店）』では、対応は困難です。卒論に対しては、「10のステップの変則型」で行う必要があります。

1-3. 卒論で失敗するケース2例

　「10のステップの変則型」に入る前に、著者が長年携わってきた図書館のレファレンスサービスで受けた卒論相談において、卒論に失敗したことで正規に卒業ができず、涙を流した学生たちの例を紹介します。経験則から、失敗する例は二つに集約されます。

1）テーマを決めたものの文献量が少なすぎて失敗

　一つは、テーマを決めたものの文献量が少なすぎて書けない、または合格できる内容に至らなかった、という例です。

　卒論テーマは、一般的には4年次の前期授業の早い段階で決め、指導教員に提出し、確定します。一度テーマが決まると、卒論の追い込み時期になってから不都合があるといっても変更できないことが普通です。卒論は学術論文の一つなので、書くために必要なベースとなるのは学術文献ですが、それが乏しければ卒論を作成することは困難で、内容も不十分です。卒論テーマに関する学術文献が一定量あるかどうかの確認もせず、思いつくまま闇雲に

テーマを決めることは、最も危険なことになるのです。

2) テーマを決めたものの文献量が多すぎて失敗

　前者とは反対に、卒論テーマに関する文献が多すぎた場合は読む時間、整理する時間、まとめる時間などが文献量に比例して増え、多大な時間が必要となります。その際は、テーマの設定が大きすぎると考え、細分化し、適切な文献量を見計らい、テーマを見直す必要があります。この見直しの時期を逸すると、取り返しのつかないことになります。心しておきたいのは、卒論テーマを決定する時に、テーマに関する文献量の調査を必ず事前にしておかねばならないということです。

1-4. ステップの中で最も重要なのが文献収集力

　以上、二つの失敗例を避けるためには、テーマを決める際に、卒論テーマに関して、学術的文献にはどのようなものがあるか、その量はどうか、などの文献調査を先に行っておく必要があります。最初に紹介した「ステップ10」で見れば、「ステップ4」を先にしなければなりません。
　卒論テーマ自体は、自分の関心事や強い興味があるものが理想ですが、そのテーマに合った学術文献があるか否かは不明です。いくら好きなテーマでも文献がなければどうすることもできないため、早い段階で文献調査をし、適切な文献が一定量あると分かった段階で正式なテーマとして決めると良いでしょう。そのためには、次のようなステップを推奨します。

1-5. 卒論（自由テーマ）に対する作成のステップと作成のための対策

1) 卒論作成のためのステップ

ステップ0 【仮テーマの設定】

自分の意志を尊重しつつも指導教員と相談し仮のテーマを設定します。

ステップ1 【関連文献の調査】

仮のテーマが決まったら、「卒論を書くのにふさわしい学術文献が適量、あるか否か」を、「文献調査法」を駆使して調査します。

ステップ2 【テーマの決定】

調査後、適切な文献量（学術文献を中心に）があることが確認できれば正式にテーマを決定。文献量に問題があれば、テーマを見直し。なお、この段階で、指導教員の意見を参考に最終決定につなげたり、文献調査結果を大切に保存したりしておきましょう。また、ゼミなどの指導教員の専門分野以外のものはテーマとして認められないこともあるので、最終確認が必要。自分なりの文献リストを作成しておくのが望ましいでしょう。

ステップ3 【事前調査】

テーマに関しての概要・全体像を、専門の辞典・事典・ハンドブックなどから把握します。必要な箇所は複写するなど、保存・整理（個々の文献に対しての基本書誌事項・文献番号付与など）をしましょう。

ステップ4 【仮アウトラインの作成（目次＝章）】

全体像が認識できたら、仮アウトラインを作成。卒論はレポートとは異なり、一定のボリュームが必要なため、目次（章）作成は丁寧に。大目次の下に、さらに中項目目次や小項目目次も必要に応じて展開します。目次項目の背景には、使用する予定の文献が必ず存在することを前提に、全体の目次を作成して鳥瞰し、バランスが取れているか、漏れはないかなどを確認。仮目次が確定したら、各目次に「ステップ2」で作成した自前の文献リストなどから、使う予定の文献名または文献番号を入れます。

ステップ 5 【文献の入手】

「ステップ 2」の文献を整理したもの (文献リストなど) を利用し、書くために必要な文献を入手。本の一部を複写したり、雑誌記事・論文の現物文献を入手します。なお、時間ロスを生まないためには、後述する「文献入手法」をマスターし、効率的に文献を収集すると良いでしょう。

ステップ 6 【文献の解読・整理】

卒論は文献を読む量が多いため、卒論提出期限から逆算して、読むための時間を十分確保します。読んだ文献の中で、引用すべきものや参考文献として活用したい部分にマーカーや付箋を付けるなどし、整理しましょう。

ステップ 7 【最終アウトライン (目次 = 章) の作成】

卒論に使う文献を全て読み終えたところで、再度目次全体を見直し、目次に過不足がないかどうかを確認。必要に応じ、目次の追加・削除・入れ替えなどを行い、最終的なアウトラインを確定します。

ステップ 8 【執筆・校正】

卒論の場合は、レポートとは異なり、学部・学科共通の書き方が指示されることが多いため、手書き原稿なのか、ワープロ原稿限定なのかなど、指導教員などの指示に従い作成しましょう。卒論は分量が多いことから、校正にも時間がかかるため、提出日から逆算して校正時間も確保します。

ステップ 9 【出典 (引用・参考文献) の表示】

指導教員の指示がある場合は、その指示に従います。特にない場合でも、形式を整えたり、表紙を付けたりし完成させましょう。

ステップ 10 【仕上げ】

卒論は表紙（カバー）を付けるなど、簡易製本することが決められていたり、表紙に学部・学科、氏名、卒論テーマ、年度表記など、記載様式が決められていたりする場合が多いです。指示に従い、完成させましょう。

2) テーマを何にして良いか分からない場合には？

　卒論テーマは自由に設定できるのが一般的ですが、テーマを設定できずに相談に来る学生は多いです。その根本的な理由は、ゼミ科目などにおける主題知識が不足していることです。そのため、主題に関する知識や専門用語知識などを増やすことが必要です。そこで便利なのが、その主題に関係する「**文献目録**」です。文献目録は、文献一覧になっているので、それを概観することによって、使われている専門用語や話題性が高いテーマ用語などを広く浅く知ることができ、素早く一定の知識を得ることが可能です。専門の辞典・事典・ハンドブックなどから把握することも大切ですが、これらでは、最近の動きや話題性を把握することが難しいのです。意外かもしれませんが、経験上文献目録をうまく活用すれば効率良く知識を得ることができます。文献目録には、ジェネラルなものから「主題文献目録」（「主題書誌」という→例：『**法律判例文献情報**』）まであり、主題書誌があればそれを使うことはできますが、ない場合にはジェネラルな書誌から特定の主題箇所を概観すれば良いでしょう。例えば、卒論に雑誌記事・論文を使いたい場合、代表的なジェネラルな書誌である国立国会図書館の雑誌記事索引「**NDL 雑誌記事索引**」を活用できます。これは国立国会図書館のホームページ上で公開されている「**NDL ONLINE**」や「**国立国会図書館サーチ**」の中のメニューの一つとして提供され、全てのジャンルの雑誌記事が収録されています。どんな主題でも対応できるとともに、記事採録のスタート時点から、学術雑誌に重きを置いているので、卒論作成に最適です。ただし、冊子体がないので、できるだけ多くのキーワードを抽出（事典・辞典・用語集・ハンドブック類から関連用語を調査）し、そのキーワードを入力してから記事の一覧を概観することになります。また、テーマに関する文献量も知ることができるので、文献不足防止になります。

　近年は、データベースなどの電子化が進み、冊子体が減少してはいるものの刊行している分野はあります。キーワード検索ではどうしてもこぼれ落ちやすいという欠点がありますが、冊子体があれば、ブラウジング調査ができ、特定主題の同類文献を一同に探せるため、効果的に利用すると良いでしょう。

　まとめると、文献目録を概観しながら、①多く使われているキーワードは何か、②話題性は何か、③問題・課題性は何か、④学説展望は？といった情報を把握します。その中で特に興味が持てそうなキーワードを選択し、そのキーワードから、学術的な文献量が一定数あることを確認できれば、それをテーマにすると良いでしょう。

3）短時間で作成しなければいけない！こんなときは？

　さて、卒論テーマは決めていたものの、クラブ活動、アルバイト、病気、その他やむを得ない事情によって、卒論提出まで残り1ヶ月位になってしまったという相談を何度も受けたことがあります。その場合は、卒論作成の速攻性が求められるので、「文献調査法」や「文献入手法」を最大限に活用することが必要です。調査ツールの活用によって、文献収集のみならず、執筆時間をも大幅に短縮できるのです。この場合は「裏技」を使うしかありません。つまり、突貫工事です。大学の方針や学部・学科関連科目によっては例にならないかも知れませんが、著者の経験則から、実際の社会科学系の分野で、図書館での助言により、ギリギリ合格できた際の手法を参考に紹介していきます。

（1）「裏技」とは？
① 基本的図書を押さえる

　まず、テーマに関する研究書を入手し、その文中によく引用されていると思われる「**引用文献**」または「**参考文献**」から、基本になると思われる「基本的図書」を見つけ、それを卒論のコアに使用。「基本的図書」は1冊ではなく、数冊使うようにしましょう。

② 学術的な雑誌記事・論文を全文電子化資料から入手する！

　卒論は、学術文献を使うことが肝要なので、テーマに関係し、すでに公表されている雑誌記事・論文の中から、学術的な文献を一定量選ぶ必要があります。文献量は、卒論の提出期限から逆算し、現物文献の収集、読解、執筆、推敲という過程を考えながら、与えられた時間内で処理できる文献量にします。読む時間と推敲する時間の節約は難しいので、現物文献の収集と執筆時

間を大幅に短縮する必要があります。そのために、「文献調査法」と「文献入手法」を最大限に活用しましょう。

（2）時短を生む「文献調査法」と「文献入手法」
① 基本的図書は自館の所蔵図書を使う

卒論テーマが学部・学科関連科目と大きく離れていない限り、先に述べた基本的図書となる研究書的なものは自前の大学図書館に所蔵されている可能性が高いです。なぜなら、大学図書館は学部・学科関連科目に沿って大学図書館は文献の選書を行っているからです。したがって、自館にあるものを優先して使うのが最も効率的で時短につながります。

② 学術的な雑誌記事・論文をインターネット上の全文電子化資料で入手する

後述する国内の論文検索ツールである「**CiNii Research**」を活用するのが良いでしょう。卒論テーマに関するキーワードを入力し検索すると、国内の雑誌記事や論文などがヒット。その一覧の中で、全文電子化資料になっているものは、「オレンジボタン」の印が付いていますので、印のあるものを優先的にチェックしましょう。各資料には電子化した各学術機関のリンクが張られているので、そのリンク先から、PDF 化された全文電子化資料を PC 画面に表示・印刷すれば、現物が入手できます。「CiNii Research」を使えば、PC を介してただちに必要な雑誌記事・論文の現物を入手できますので、文献入手にかかる時間を大幅に短縮できます。

以上が、卒論作成の突貫工事のようなものですが、理想的には、こうならないようにゼミを履修した 3 年次の頃から計画を立て、4 年次の夏休み頃までには、卒論の 8 割が仕上がるような計画を立てたいものです。

4）調査ツールをうまく活用すれば、執筆時間をも短縮できる

近年ではインターネットによる情報入手が常識になっていますが、検索エンジンに依存するのではなく、インターネット上で公開されている有用な無料データベースや図書館が契約している有料データベースを活用することにより、短時間で効率的に執筆することが可能です。

（1）インターネット上に公開されたデータベースの文字情報の有効活用

　近年の卒論は、手書きが禁止で、ワープロ使用が条件になっていることが多いです。有用な無料データベースによっては、文字情報とイメージ情報の両方、もしくは文字情報のみで提供されているものがあります。文字情報であれば、引用したい部分を簡単にコピーし貼り付けることができます。いわゆる「コピペ問題」が教員側から問題視されることがありますが、これは著作権違反をした場合です。そのため、引用した部分は「……」でくくり、出典（出所）を正しく明記し、著作権に配慮すれば、とても効率的に卒論を作成することができるのです。ただ、コピペが可能とはいえ、切り貼りのみでは卒論にはなりません。先人が研究したことを比較研究的な視点からよく学び、自分の考え方を入れ、まとめることによって初めて卒論として認められます。こうした姿勢を忘れず、文字情報を効率的に活用すれば、大きな時短となるでしょう。

　例えば、日本は法治国家であることから、全ての分野において国内法規が絡みます。卒論の文中に法規の一部の条文を引用しようとした場合、図書館に置いてある冊子体の『現行法規』や『六法全書』などから手入力するのではなく、現行法規の多くを提供しているデジタル庁の「**e-Gov 法令検索**」というインターネット上で公開されている無料のデータベースから必要な条文箇所をそのまま文字情報にてコピペができます。特に、法規の表現法は独特なものがあるので、手入力するよりもコピペの方が、ミスを防げて安全です。

（2）新聞記事の有効活用

　新聞記事を引用したいような場合は、全国紙を扱う各新聞社から提供されている有料データベースを活用します。地方自治体の中央図書館レベルであれば、ほとんどの図書館で、「日経テレコン 21」（日本経済新聞などの日経 4 紙）をはじめとする一般全国紙を数点契約・導入しています。これらのデータベースでは、新聞記事の文字情報と紙面イメージ（PDF）の両方が提供されていますので、文字情報があるものに関しては、そのまま引用文として活用できます。

(3) 雑誌記事の有効活用

　雑誌記事の場合も、ビジネス誌や法律情報誌のデータベースでは、文字情報と誌面イメージ情報の両方を提供するものが多いです。大学図書館では、学部・学科の科目に合わせた有料データベースと契約していることが多いので、何が入っているかを確認し、フルに活用することで大きな時短を生みます。

◇◆◇【コラム1】　キーワード検索の落とし穴

　OPAC検索をする場合、多くの方は著者検索や書名検索を使います。その場合、特定のキーワードで検索してもヒットしなかったときは、もう無いと思ってしまうのではないでしょうか。キーワード検索とは串刺し検索、すなわち焼き鳥検索のようなものです。本のタイトルの中に、入力したキーワードが含まれていないと全くヒットしません。キーワード検索には一貫性はありますが一覧性が無いのです。キーワード検索の最大の長所は、タイトル検索時に大量な蔵書の中から、特定のキーワードが含まれているものを瞬時に抽出してくれることです。しかし、キーワードに関係なく、特定主題の本を一同に探す場合は最大の短所となります。キーワードのみだと断片的な調査となり、必要な本をまんべんなくチェックすることは不可能なのです。では、実際キーワード検索の落とし穴にはまった学生の実例を紹介しましょう。

【事例：法学部4年生O君の場合】

　「基本的人権をテーマに卒論を書きたいが文献が足りない、もっと文献がほしい……」とO君から質問。状況を聞くと、「基本的人権」のみのキーワードで図書館のOPACを利用しての図書検索、図書館が契約している法律専門のデータベースも検索し、雑誌記事も調査済み。コンピュータ検索以外はしていませんでした。

　調査した結果、開架書架（※利用者が自由に本を手に取って見ることができる書架）を調べると書名の中に「基本的人権」というキーワードが含まれているものはわずか約1,000冊のうち50点未満。そこで、法律関係のデータベースと全く同じ内容で、冊子体の雑誌記事索引から「基本的人権」とい

う見出しの下にある記事一覧を確認し、論題（記事タイトル）の中に「基本的人権」が含まれているかを 3 ヶ月分チェックしました。すると論題に基本的人権というキーワードが含まれているものは、10 月号は 87 件に対しわずか 1 件、11 月号は 49 件に対し 0 件、12 月号では 66 件に対し 0 件という結果に。これこそがキーワード検索の落とし穴なのです。

第 2 章 学部・学科・科目ごとの文献の特性を知っている？

良質なレポートや卒論を作成するにあたり、所属する学部・学科・専攻科目によって、文献の特性があるため、どのような種類の文献を収集すれば良いのか、ということが重要な鍵になります。

　大学の学部・学科は、大きくは以下のいずれかに分類されます。

・**人文科学系**…文学、哲学、歴史、芸術など人間の所産を研究の対象とする学問
・**社会科学系**…政治、法律、経済、社会、教育、国際関係など人間社会を研究の対象とする学問
・**自然・技術科学系**…医学、看護、技術、化学、農学など自然現象を研究の対象とする学問

　各科学系に付随する科目によって、資料価値が早く陳腐化するものもあれば、古くても陳腐化しないものもあります。諸科学の文献特性を知り、レポート・卒論作成に対応する必要があるのです。では、それぞれの分類の文献について紹介していきましょう。

2-1. CASE1 人文科学系の学部・学科・科目の場合

　人文科学とは、人間の文化に関する学問の総称で、人類の所産に関するすべての分野を指し、文学、哲学、歴史学、芸術、言語学などの学問が代表的です。こうした学問分野では、文献が劣化しないのが特色です。例えば、江戸期でも、明治期・大正期でも、人文科学系の図書価値は劣化が少ないばかりか、逆に価値が高まるものもあります。

　例えば、国文学関係であれば、明治期や大正期の文豪が書いた本、またその文豪研究のための作品研究や作家研究の本は、色あせるものではなく、レポート・卒論の必須文献になることもあります。日本の古典籍（※1）や中国の古典籍（※2）をテーマにした場合は、江戸末期までに日本人によって書かれた古典籍「国書」や中国の古典籍「漢籍」研究は必須です。哲学・歴史学・芸術などにおいても、テーマによっては同じようなことが起きます。

人文科学系の学問と文献の特性をまとめると、次表のようになります。

※1　慶応四（1868）年以前に成立した図書
※2　中国で起きた辛亥革命以前の図書

人文科学系の学問と文献の特性

1	人間の所産について研究している。例として、文学作品・作家研究、哲学書・哲学者研究、歴史書・歴史学者研究など。
2	論文よりも学術図書の刊行が重視される。人文科学系の場合は、研究成果をまとめ、図書として刊行することを最終目的にするケースが多い。
3	前者の関係から学術雑誌の役割が小さく、引用文の約7〜9割が図書、残りが雑誌論文という傾向性がある。
4	書誌（文献目録・索引）は、資料の確認のために利用される傾向がある。また、新規発見のための文献目録や索引としては、あまり利用されない傾向がある。
5	研究は、最終的に図書として刊行することが目的になるので、研究の独自性が強い。
6	研究は、研究対象資料の観察・解釈・比較から始まる。
7	発表された時点で完成されているので、資料に劣化がない。

　以上の特性から、人文科学系に属する学部・学科・科目のレポートや卒論は、特殊なテーマでない限り、基本書（特定主題に関する研究で外してはいけない図書）・定本（最終的で信頼できる図書のことで、著作の文献学的研究に必要な資料が脚注や欄外注などの形で付けられることが多い）・研究書が中心になりやすく、補助的に雑誌記事・論文を活用することがほとんどです。そのため、人文科学系に属する学生は、一般的に図書が8割、雑誌記事・論文が2割ぐらいという目安で対策を考えておくと良いでしょう。

2-2. CASE2 社会科学系の学部・学科・科目の場合

　社会科学とは、「社会」の「科学」とあるように、人間社会の諸現象を支配する法則を探究、現象を解明する学問を総称した分野で、政治、法律、経済・経営、社会・民俗、教育・産業（商業、マーケティングなど）などがあります。

　社会科学系の文献の特性は、人文科学と比較して、情報の劣化が起きやすくなるため、常に新しい文献を収集することが必要です。当然、図書のみならず、雑誌記事・論文や新聞記事の利用が増えることとなり、特に、新情報収集の素材として重要な雑誌記事・論文の必要性は、人文科学と比較すると飛躍的に高まります。

　とはいえ、学術研究に必要な基本図書や学説展望図書、社会変化に合わせた史的考察的な図書に関しては、図書の利用も重要となります。そのため、レポート・卒論作成には、図書・雑誌記事・論文・新聞記事のバランスの良い活用が肝要です。

　この分野では、資料的には紙形態の文献のみならずオンライン上で提供される電子化資料（研究者を対象とする外国雑誌の記事全文の電子化はかなり進んでいます）やデータベース、電子ジャーナルが多くなっており、人文科学系よりも情報提供媒体は多様です。場合によっては、DVD などの視聴覚資料も活用できます。したがって、紙媒体のみならず電子化資料などにも目を向けるといった対策が必要です。特に、法律・経済・経営関係資料の電子化はかなり進んでいますので、自前の大学図書館がどのようなデータベース（有料の商用データベース）を導入しているかなど、環境を確認しておくと良いでしょう。社会科学系の学問と文献の特性をまとめると、次表のようになります。

社会科学系の学問と文献の特性

1	フィールドワーク（現地調査）を必要とすることが多い。例としてアンケート（聞き取り調査・世論調査）、市場調査など。
2	社会現象を説明・解釈・批判することを目的としている。
3	社会の動き、生活と密接な関係にある学問。
4	人間と社会の理解に関する科目群。
5	実用的な情報が多い。
6	過去の文献に対する遡及調査（先人研究、史的考察など）も必要。
7	社会観察対象の表現としての学問。社会の変化により、新しい学問も誕生する。環境問題が発生してから、「環境社会学」「環境経済学」「環境経営学」「環境会計学」などの新学問が誕生した。
8	社会が抱えている問題の探求と解決を目指している。例えば、環境問題に対する解決策や諸現象の研究があげられる。
9	元は人文科学から派生したことから、図書が第一義的な成果発表になる傾向がある。まとめた段階で内容が劣化するものもあれば、社会変化が特に激しい場合は、図書にまとめにくいものもある。
10	研究は、最終的に図書として刊行することが目的になるので、研究の独自性が強い。
11	動きが早い情報が多くなるため、その変化に合わせた情報が学習・研究材料になる。社会科学の中でも差はあるが、法律・経済・経営・社会・産業関係の情報は特に早い動きになりやすい。
12	社会科学の中でも、情報の動きが早い分野の図書や雑誌記事・論文は、10 年を経過すると価値を失う傾向がある。

　以上のことから、社会を相手にした学問分野は、社会変動に大きく左右されやすく、同時に資料価値も左右されることが分かります。「社会科学関係の資料価値は約 10 年」という言葉は、レポート・卒論対策において特に考

慮しておきましょう。したがって、社会科学系の学部・学科・科目に対する
レポート・卒論対策は、基本書・研究書、雑誌記事・論文、新聞記事の併用
が必要になると考えておくと良いでしょう。特に、図書と雑誌記事の利用は
半々ぐらい、と押さえておきたいですが、最新テーマに関するものであれば、
雑誌記事や新聞記事がメインになることもあります。なお、前述しましたが、
法制史・経済史・経営史・企業研究など、史的視点を含む場合は、人文科学
の視点を持って対処することになります。

2-3. CASE3 自然科学・科学技術系（医学、看護、技術、化学、農学など）の学部・学科の場合

　自然科学・科学技術とは、自然科学が自然現象の解明を目的とする学問（自
然科学）と、それらを人間の実生活へ応用することを目的とする学問（科学
技術）の総称です。主題分野には、基礎科学としての数学、宇宙科学、物理学、
天文学、化学、生理学、地質学、生物学、地学、応用科学としての農学、医
学、工学（土木工学、建設・建築工学、材料工学、機械工学、電気工学、情
報工学、応用分野としてのシステム・制御工学、化学工学、生命工学、人間
工学、エネルギー工学、原子力工学、環境工学、管理工学）があります。
　自然科学・科学技術系の文献の特性は、学問の性質上、情報の劣化が激し
いため、文献の陳腐化が著しいことです。このことから、図書はほとんど使
われず、活用される文献のメインは雑誌記事などのカレント情報になります。
そのため、有料データベースなどにて提供される雑誌記事や論文の電子化資
料の活用や、発見・発明情報などの最新情報が求められます。したがって、
最新の雑誌記事や論文を探すためのアブストラクト（抄録誌など）や、各種
雑誌記事・論文の全文が収載されているオンラインデータベースなどの利用
がメインとなります。
　自然科学・科学技術系の文献の特性をまとめると次表のようになります。

自然科学・科学技術系の学問と文献の特性

1	自然現象を扱う。
2	学術雑誌の役割が大きい。特に医学系。
3	実証研究が多い。
4	書誌・索引など二次資料に依存している傾向が強い。例として、「メディカル・アブストラクト」など。
5	自分の研究のオリジナリティーを確保するために過去文献（論文）を探す。
6	過去の研究を基礎とした累積的研究の傾向が強い。
7	実験室で実験材料を相手にしている。
8	雑誌論文による研究成果の発表は、権威あるものなどに固定化されている。例として『ネイチャー（Nature)』『サイエンス（Science)』など。
9	実験を通して事実を得る学問。
10	情報が陳腐化しやすい。（発見・発明の連続……）

　以上のことから、自然科学・科学技術系の学科目に対するレポート・卒論対策は、できるだけ新しい学術文献を使う必要があるため雑誌記事・論文が中心になるのです。

◇◆◇【コラム2】 件名検索を使えば書名にキーワードが入っていない本までヒット

　件名とは、本の内容の主体に合わせて、必要な言葉（件名）を別途付与し、検索性を高めるよう配慮されたもので、その種類には、一般件名、地名件名、団体・人名件名があります。

　例えば「京都」で**件名検索**（この場合は地名件名）をした場合、書名に「京都」が入っていなくても内容が京都に関する本であればヒットします。また、例えば、百貨店、デパート、デパートメントのように同義語がある場合も「百貨店」（「百貨店」を統一用語にし、件名を付与している場合）と入力すると、書名に関係なく、内容が「百貨店」関係の本であればヒットします。このように件名検索はとても便利な検索機能ですが、教わる機会がほとんど無いためか、多くの人が知りません。

　件名検索が充実している図書館といえば、国内で刊行された図書を原則として網羅的に調査できる国立国会図書館です。本の調査の基本には、ネット公開されている「NDL ONLINE」（国立国会図書館所蔵資料検索）を使うのが良いでしょう。

＜「NDL ONLINE」を使った具体的な事例＞
○テーマ　業界研究としてここ10年間の「百貨店の動向」
○調査方法

　「図書」検索を選択し、一応比較的新しい本ということで10年の期間を指定し検索。その前に試しで「書名検索」に「百貨店」と入力し、検索すると140件（2022.5.13現在、2012-2022の期間指定で10年間）ヒット。一覧には純粋な「百貨店」に関する本だけではなく、小説などの読み物・就活本など、書名に「百貨店」が含まれているものの全てがヒットするため、ノイズ本が多い状態になります。そこで、件名検索を使ってみると48件に絞られました。一覧には純度の高い「百貨店」専門の本のみばかりか、書名に「百貨店」と入っていない本や団体名（小田急百貨店など）などもヒットしています。百貨店と同義語のデパート、デパートメントについても、件名

は「百貨店」に統一されているため同時にヒット。このように件名検索機能を使うと効率的に図書の調査ができることが分かります。なお、件名がどのように付与されているかの例は、ヘルプ機能→「検索」→「詳細検索項目の説明」→「件名」の説明箇所「国立国会図書館典拠データ検索・提供サービス」のリンクから確認可能。なお、件名検索のコツは、統一用語を使って検索することです。

　件名検索は、図書館が自前で用意している場合があるので、確認し、上手に活用すると良いでしょう。

第３章 レポート・卒論作成には多様な文献を効果的に使おう！

これまで、レポート・卒論作成における「文献調査法」の重要性と、学部・学科・科目ごとの文献の特性について述べてきましたが、ここでは、人文科学系・社会科学系の科目に関するレポート・卒論作成をイメージしながら、それに必要な情報源について紹介していきます。

まず、レポート・卒論をよりアカデミックな内容にするには、「本」以外の資料にも目を配ることが重要です。では、どのような資料があるのか、レポート・卒論作成の素材になる文献について説明をしておきましょう。

3-1. 基本図書はしっかり使おう！

人文科学系・社会科学系のレポート・卒論作成の場合には、大抵は基本図書として使わなければならないものが存在します。卒論の場合は、テーマが決まった段階で指導教員から指示される場合もありますが、早い段階で指導教員に相談し、情報を収集しておくと良いでしょう。指導教員から何も指導・助言がない場合は、テーマに関係する研究書から、その研究書に使われている引用文献や参考文献にはどのようなものがあるかを調べます。そして、外してはいけないと思われる学術的な基本図書を押さえておく必要があります。

さて、本は、大きくは3種類に分けることができます。それぞれに使う目的が違うので、目的によって使い分けると良いでしょう。

①**読むための本**（教科書・入門書・概論書・研究書など）
誰もがよく知っている、読むための本です。レポートや卒論を作成する際の基本的知識は、教科書はもちろんのこと、入門書・概論書も参考になります。それらで基本知識を付けた上で研究書を使うとより理解が深まり、レベルの高いレポート・卒論のイメージが作りやすいです。
②**調べるための本**（辞書・事典・用語集・図鑑・統計集など）
読む本ではなく、事柄を調べるための本です。レポート・卒論を作成する事前準備段階での効果が高く、内容の概略、定義、歴史展望などが目次作りの参考になります。

③ 文献を調べるための本（文献目録・索引類など）

　文献目録、索引、レファレンス事典などといわれるもので、例えば、『日本児童文学文献目録』、「NDL 雑誌記事索引」、『日本統計索引』、『人物レファレンス事典』などがあります。すなわち、特定テーマに関する文献（本や雑誌記事・論文など）にはどのようなものがあるか、また、特定の人物や作品がどのような文献に収録されているか、などを調べるためのものです。特に、レポート・卒論作成の際には、文献目録、索引をいかにうまく利用するかによって、文献収集力が大きく左右されます。

　一般的には①、②の本がよく知られていますが、良いレポート・卒論を書くには、③の本の活用もマスターしておく必要があるでしょう。

3-2. 他と差をつける！ 良いレポート・論文作成には雑誌記事の利用が不可欠

　最近は、マルチなインターネット検索により、図書・雑誌記事・論文・新聞記事それぞれの特性の理解や概念が乏しくなっている傾向にありますが、レポート・卒論を書くにあたって外せないのが、雑誌記事・論文の活用です。多くの学生は、指導教員の指導などもあり基本的な学術図書を使う可能性が高いため、他の人と質で差を付けるには、雑誌記事・論文・新聞記事などを上手に活用することが重要です。

　一般に市販されている雑誌は、大きくは週刊誌、旬刊誌、月刊誌、季刊誌に区分されます。速報性が求められる情報を扱う雑誌には週刊誌が多いですが、学術雑誌には月刊誌・季刊誌が多いです。レポートや卒論作成で最も必要とされるのは、学術論文といわれるものであることから、市販雑誌に関しては、月刊誌・季刊誌の利用が中心となります。しかし、学術論文となると、その多くは市販雑誌よりも非売品雑誌の「**紀要**」といわれるものがメインとなります。「紀要」とは、雑誌の種類の名称で、学術機関から発行され、その学術機関に属している研究者（教授・准教授・講師など）の研究成果を掲載した学術雑誌のことを指します。大学が発行する紀要を「大学紀要」、研究所が発行する紀要を「研究所紀要」といいます。

この「紀要」の中の多くは「論文」といわれるもので、レポートや卒論作成に効果的に活用できれば、評価の高いレポートや卒論を作成することができます。大学では、必ず「大学紀要」が刊行されていて、通常は、キャンパス内の複数箇所に置かれ、学生たちが自由に持ち帰ることができるようになっています。配布は常に最新号で、バックナンバー（過去の号）は大学図書館に保存されています。

レポート作成時には、レポート課題を出した教員の研究成果だけはぜひ押さえておきたいところ。最近は、「大学紀要」を全文電子化して、大学のホームページにて公開しているところが増えてきているので、より活用しやすくなっています。

また、大学図書館においては、自分の大学の「大学紀要」と他の大学の「大学紀要」を交換し、整理・保存しているケースが多いです。もちろん、類似の学部・学科との協力が中心ではありますが、他の大学の「大学紀要」が、バックナンバーを含め保存・提供されているので、上手に活用しましょう。なお、各大学において全国的に「大学紀要」の全文電子化が進められていますので、公開されているものはどこからでも活用可能です。

3-3. 新聞記事を活用すると厚みが出る

新聞の記事は、ほとんどの学生は利用しない傾向にありますが、上手に活用することができれば、他の人との差をつけることが可能です。詳細は後述しますが、今日では、新聞記事調査のためのツールが整備されていますので、調査ツールを使えば容易に活用することができます。

3-4. インターネット情報

1）検索エンジンによる単純検索情報は要注意
現代人の多くが、検索エンジンによる単純検索情報に依存している傾向にありますが、特に、インターネット百科事典の「ウィキペディア（Wikipedia）」は、情報の信憑性・典拠の曖昧さより、大学や学部・学科によっては引用が

禁止されている場合もあるので、要注意です。

2) インターネットに公開されている外国の論文は魅力的

　近年は、著作権者本人の意思により、研究論文の全文がインターネットに公開されていることが多くなっています。特に、欧米の文献は、Google が提供している無料の検索エンジンである「**Google Scholar**」を利用すると良いでしょう。ここには、国内・国外の研究論文が多く登録され、国内の登録分は、後に詳述する「CiNii Research」でも「**DOI**」（※ 3）として利用できるようになっています。

※ 3　DOI（Digital Object Identifier）とは、電子化された学術雑誌または出版物に付与されるデジタルオブジェクト識別子で、インターネット上で公開されている学術資料のこと。

3) インターネット上に無料公開されている「データベース」を使わなければ大損

　インターネット上には無料公開されている優れもののデータベースが数多く存在します。単なる検索エンジンによる情報入手ではなく、レポートや卒論作成に利用できるデータベースを上手に活用することがお勧めです。なかでも、特にレポート・卒論作成に役立つ無料のデータベースを紹介すると、次のようなものがあります。各資料の詳細は、拙著『文献調査法 第 10 版 ※ 2023 年 7 月時点での最新版（DB ジャパン）』を参照してください。

★文献を調査するための無料公開ツール★

ジェネラルなもの		
ツール名	提供元	内容
国立国会図書館オンライン （NDL ONLINE）	国立国会図書館	国立国会図書館所蔵資料の検索（図書・ 雑誌・雑誌記事・デジタル資料など）。
国立国会図書館サーチ （NDL Search）	国立国会図書館	国立国会図書館所蔵資料、NDL 雑誌記事索引、 学術機関雑誌記事・論文・電子化資料の検索など。
Webcat Plus （NACSIS Webcat Plus）	国立情報学研究所	多様なデータベースにて図書検索ができる。
CiNii Research	国立情報学研究所	日本国内の「論文・データを探す」検索ツール。 最大の特色は、国内学術機関が作成した全文 電子化資料を無料で入手できる点。
CiNii Books	国立情報学研究所	「目録所在情報サービス（NACSIS-CAT）」に 蓄積された全国の大学図書館などの蔵書を 検索できる。
出版書誌データベース （Books）	一般社団法人日本 出版インフラ センター（JPO）	国内で刊行された市販図書の検索ツール。 新刊・既刊図書の調査ができる。
Google Scholar	Google	Google が提供する論文検索サイト。
主題的なもの		
政府統計の総合窓口 （e-Stat）	総務省統計局	政府機関が公表する統計データの調査ができる。
国文学論文目録データベース	国文学研究資料館	国文学に関する雑誌記事・論文の調査ができる。
事柄調査（法律）		
裁判所	最高裁判所 事務総局	昭和 23（1948）年からの国内の判例（下級審 から最高裁まで）を提供。
e-Gov 法令検索 （電子政府の総合窓口）	デジタル庁	デジタル庁が提供する日本の現行法令の 検索システム。
事柄調査（経営・企業研究）		
Yahoo! ファイナンス	ヤフー株式会社	上場・非上場会社の企業情報や株価のチャート、 予想利益、金融情報などを提供。
EDINET	金融庁	1億円以上の有価証券を扱う企業の有価証券 報告書などの開示書類を提供。

3-5. その他資料【視聴覚資料】

　レポート・卒論に使える視聴覚資料として、①マイクロフィルム資料（マイクロフィッシュ、ロールフィルム）、②映像資料（DVDなど）、③音楽資料（CD、カセットテープなど）などがありますが、近年では④デジタル資料が中心になっています。

◇◆◇【コラム3】 ブラウジング調査も併用しよう～冊子体の文献目録・索引の活用も～

　前述のコラム1でお話したようにコンピュータのOPAC検索でのキーワード検索には大きな弱点があるため、キーワード検索の弱点を補うための調査法が不可欠となります。その調査法である「ブラウジング調査」は、多くの方が自然に行っている方法で、図書館の書架にある本や、書店に行って、特定のジャンルの書棚を目で追いかけながら探す方法のことを指します。すなわち、キーワードに関係なく、同類書を探すことで、キーワード検索が縦軸なら、ブラウジング調査は横軸の調査法と言えます。この縦軸・横軸の両面からの調査法が上手な文献調査へとつながるのです。

　最近は、ペーパーレス化が進み、冊子体の無いデータベースが増えてきましたが、両方を出している場合もあります。前述したようにデータベースが最も得意とするのがキーワード検索ですが、関連文献や類書文献の調査はできないため、冊子体が出ている場合は、データベースと併用して使うのが上手な調査法と言えるでしょう。

　また、レポート・卒論に使う基本的な情報源は、本、雑誌記事・論文、新聞記事の三種です。以前は、紙形態が中心でしたが、近年はCD-ROMやインターネット上にて提供されているデータベースなど、電子化資料が多くなっています。媒体はさておき、レポート・卒論に使う基本的な情報源は学術文献と言われるものが中心となり、特に卒論の場合はそれが問われます。

第4章 時間短縮、効率的な文献の探し方を知っておこう！

文献を調べるには「文献調査法」を知る必要があることはすでに述べましたが、ここでは、特に大事な基本的な文献の探し方である「本の探し方」、「雑誌記事の探し方」、「新聞記事の探し方」をピックアップし、紹介していきます。なお、「文献調査法」に関する詳細文献には拙著『文献調査法 第 10 版（DBジャパン)』があります。より詳細なことを学びたい場合は、この本を活用すると良いでしょう。

4-1. 最低これだけは知っておきたい本の探し方

1) 誰もが行っている本の探し方には限界がある

レポート・卒論作成といえば、多くの人は図書館を利用します。図書館の所蔵資料を調べるために「OPAC」検索（コンピュータ化された所蔵資料検索オンラインシステム）を使いますが、前述したように、「OPAC」でのキーワード検索には大きな落とし穴があることを知った上で使う必要があるでしょう。

2) 他の人と差をつける探し方
(1)「NDL ONLINE」の図書検索で国内出版物の本を網羅的に探そう

国立国会図書館は、国立国会図書館法により、国民が本を書いたならばその 1 冊（完全なもの）を国立国会図書館に納本する義務（納本制度）があるため、書店に売られているような市販図書のみならず、自費出版・行政資料・郷土資料などの非売品図書まで所蔵されている国内最大の図書館です。つまり、国立国会図書館が提供する「NDL ONLINE」を使えば、国内本を網羅的に検索できるのです。

国内本の調査の基本は、「テーマに関係する本には、どのようなものが刊行されているか」を網羅的に調べることが肝要です。いくら欲しくても出版されていなければ探しようがないからです。まずは、出版されているものを確認することが先決。必要なものを見つけたら、その本の著者・書名など（書誌事項）を使い自館や最寄りの図書館で、その必要な本が所蔵されているかを確認すれば、効率的に入手することができます。自館・最寄りの図書館に

所蔵していない場合は、図書館の**相互貸借制度**を利用したり、直接国立国会図書館を利用したりすることもできます。

(2)「NDL ONLINE」の図書検索の分類検索で類書の調査が可能！

「**NDC分類表**」を知っているでしょうか。どこの図書館でも「NDC分類表」が図書館内のどこかに貼り出されていて、図書館の本には必ずといってよいほど本の背の下の方にラベル（図書ラベル）が貼ってあります。基本的には、このラベルは三段式になっていて、一番上にある番号を「分類番号」と呼びます。この番号は、本の主題を番号に置き換えたもので、例えば、哲学の本であれば頭に「1」、歴史の本は「2」、芸術の本は「7」、語学の本は「8」、文学の本が「9」といった具合です。番号は本の内容によってさらに細分化され、番号の桁も多くなります。3桁に限定し、文学の例で読み解いてみましょう。例えば、分類番号が「913」となっていれば、最初の「9」が「文学」、次の「1」が日本国、次の「3」が「小説・物語」を表しています。すなわち、「913」の番号のところには、日本文学の小説が集まっていることになるのです。このように、図書館の本には分類番号が付けられ、この番号順（若い数字から展開）に本は整然と並べられています。言い換えると、かなり厳密に同類書ごとにまとめられて並んでいるということになります。書店でも、ある一定の基準で同類書（ジャンル別）の本がまとまっていますが、図書館の方は、より厳密化されています。したがって、分類番号を使って検索すれば、より厳密な同類書を見いだすことが可能です。すなわち、「OPAC」検索機能の一つである「**分類検索**」を活用すれば、まるで図書館の特定の書棚にある本を一網打尽に探すようなことが可能となるのです。こうした分類検索の活用は、キーワード検索と真逆の調査法です。すなわち、コンピュータ検索にて**ブラウジング調査**も可能だということです。

そこで、国立国会図書館の「NDL ONLINE」の分類検索の使い方を紹介しておきます。

「NDC分類番号検索」には、「完全一致検索」と「前方一致検索」があります。「前方一致検索」を利用し、例えば、147*のようにすると、「147（超心理学関係の本）」という分類番号が付く全ての本をヒットさせることがで

きます。まさにブラウジング調査です。なお、詳細なNDC分類表については、図書館に掲示されているか、『NDC分類表（日本図書館協会）』という本が図書館に必ず所蔵されているので参考にするとよいでしょう。

（3）本の内容（目次＝章・内容要旨）検索で本の調査範囲が飛躍的に拡大

　図書館の「OPAC」検索では、基本的な書誌事項の内、著者・書名やキーワードを検索対象にするのが一般的です。検索すると本の内容にあたる部分がヒットすることがありますが、これは全集類や1冊の本の中に複数の論文が含まれている場合、本の内容がよく分からないことから、特別に内容注記を入れたものがたまたまヒットしたものであって、全ての本の内容が入っている訳ではありません。ですから、原則として、「OPAC」で本の内容までは調査できないということを知っておく必要があります。

　本の内容は、文芸書的なものを除いて、目次、いわゆる章立てが用意されているのが普通です。各章には特定テーマが付けられており、そこに書かれている情報は独立したものですので、章単位で検索することができれば、まるで雑誌記事や論文を調査するかのように本を利用することができます。つまり、章タイトルに含まれているキーワードを自由自在に検索できれば、本の調査範囲は飛躍的に拡大することになります。こうした調査をする場合は、専門の調査ツールを使う必要があります。

　実際にあったレファレンス質問で、卒論テーマで「騎士道と武士道の比較研究」、「キリスト教における中絶問題」というものがありました。両方の学生は、情報リテラシー教育を受けていたこともあり、本の調査のみならず、雑誌記事・論文まで調べていましたが、どうしても文献が不足していて卒論が書けませんでした。この両者のテーマに共通していたことは、雑誌記事や論文のテーマになりにくいということです。そこで、本の内容（目次＝章）から調査ができる専用ツールを使ったところ、数多くの該当文献を見いだすことができたのです。

　以上のように、本の内容調査によって、さらに多くの学術文献を入手できることを知っておきましょう。では次に、無料公開されている本の内容調査ツールを紹介します。

★調査ツール★

・「Webcat Plus」（「NACSIS Webcat Plus」）国立情報学研究所（国情研 =NII）提供

　国内図書・雑誌などを多様なデータベースを使い横断的に検索可能。レポート・卒論作成の文献収集に活用してほしいのが、提供メニューの一つである図書内容情報データベース「**BOOK データベース**」（市販新刊図書内容情報：要旨・目次情報を提供。 1986 ～）。

　図書館「OPAC」の書名検索に限界を感じた（探しているキーワードが書名に含まれていない本は結構多い）場合、図書の内容要旨や目次など、本の中身のキーワードから調査できることを知っておきましょう。

【使い方】

　検索には「連想検索」と「一致検索」の 2 種があります。「連想検索」は、特定のキーワードを入れると関連用語も含めてヒットする仕組みになっていますので、ヒット件数が膨大になりやすく、迷路に入り込む恐れがあります。ここでは、特定のキーワードが明確な場合に使いやすい「一致検索」例で紹介します。

　「一致検索」画面の「フリーワード」から、「テーマに関するキーワード」を入力。ヒットした本の中には書名に「テーマに関するキーワード」が含まれているものもありますが、書名ではなく目次（章）や内容要旨に含まれているものも同時にヒットするため、その中から、レポート・卒論に使えそうな学術的な本を選択します。さらに、書名の中に、「テーマに関するキーワード」が含まれているものを外し、その書影を開くと、内容要旨や目次の中に、テーマに関するキーワードがあることが分かります。目次（章）情報の部分は、有用な独立情報として活用することができますので、その本の著者・書名から、自館または最寄りの図書館の「OPAC」にて所蔵状況を確認します。所蔵していれば、その章全文を複写（著作権法上、全体頁の 2 分の 1 までが許容範囲なので章部分であれば何ら問題がない）することもできます。

【有料データベース「BookPlus」があれば、こちらを優先】

「Webcat Plus」に提供されている本体は、有料データベースとして日外アソシエーツから提供されている「**BookPlus**」です。内容情報は全く同様ですが、「Webcat Plus」の方は、ヒットした図書の書影の一つ一つを開いて図書の内容情報を確認する必要があり、ヒット件数が多いほど時間が必要になります。しかし、本体の「BookPlus」は、ヒットした図書毎にチェック欄が付いているので、必要なもののみにチェックすれば、一覧化（ダウンロード形式）できます。ダウンロードされた文献一覧を出力・印刷し、それを元に図書館の「OPAC」にて所蔵確認ができるので、極めて迅速な調査ができます。このように、有料・無料ではそれぞれ使い勝手に大きな違いがありますので、もし自館または最寄りの公共図書館にて「BookPlus」が契約・導入されているなら、有料データベースを使った方がはるかに便利です。

4-2. 最低これだけは知っておきたい雑誌記事の探し方

1）「CiNii Research」（国立情報学研究所提供）→大学生必携の基本的な調査ツール

「CiNii Research」は、国内の「論文・データを探す」専門の調査ツールで、国内の雑誌記事・論文をできるだけ多く収集したいときに最も効果的です。特性や使い方は、後述します。

【特性】

複数のデータベースから成り立っていますが、大きく分けると二つになります。一つは、国立国会図書館「**NDL 雑誌記事索引**」データベース。もう一つは、「NDL 雑誌記事索引」以外の、学術研究機関などによる国内の論文・データなど（電子化資料含む）のデータベースです。

前者の「NDL 雑誌記事索引」については、国立国会図書館から 100% 提供されているので、わざわざ「NDL 雑誌記事索引」を使う必要がありません。後者の「NDL 雑誌記事索引」以外の論文・データですが、国内各種の学術機関（学会・協会・大学・研究所など）が提供する論文・研究データ・博士

論文・プロジェクト論文（科学研究費助成など）が検索できるとともに、全文電子化した資料をも知ることができます。したがって、「CiNii Research」を使えば、「NDL 雑誌記事索引」をはるかに超えた、雑誌記事や論文の検索ができるのみならず、無料の電子化資料をも入手することができるという、超優れものの調査ツールであることが分かります。

　学術機関の電子化資料の主なものには、①「**J-STAGE**」資料（科学技術振興機構提供）（※4）、②「**機関リポジトリ**」の資料（各大学や各大学付置研究所刊行の学術雑誌＜紀要＞）の全文電子化資料（※5）、③「**DOI**」資料、④「**国立国会図書館デジタルコレクション**」資料、⑤「**CiNii Dissertations**」資料（博士論文）があります。

【使い方】

　「詳細検索」が便利。「詳細検索」画面から、「すべて」を選択します。「フリーワード」または「タイトル」欄に必要なキーワードを入れ検索すると、論文・研究データ・博士論文・プロジェクト論文などの全てと、全文電子化資料も同時にヒットします。全文電子化資料のみに限定したい場合は、「本文リンクあり」の窓にチェックを入れ再検索すれば、電子化記事・論文のみに絞り込みができます。ただ、この段階では有料・無料を問わず、電子化資料の全てがヒットしています。有料・無料の区別は、電子化資料を示すオレンジボタンを開くと、有料のものは「ID、パスワード」を要求されますが、無料のものはされないので一目瞭然です。無料のものは大学機関などのサーバにリンクされており、現物（PDF 形式）があればそのまま閲覧でき、印刷も可能。なお、各大学によってはホームページ画面が異なるので注意して使うと良いでしょう。

※4 国内で発行された学術論文全文を読むことができる、日本最大級の「科学技術振興機構」の総合電子ジャーナルプラットフォーム。
※5　学術機関リポジトリ（略：機関リポ）：大学などの研究機関がその知的生産物の全文を電子的形態で集積し、保存・公開するために設置している電子アーカイブシステム。各大学が独自に設置するサーバに蓄積・管理・提

供している。統合検索は、国立情報学研究所が運営する「JAIRO Cloud」で
行うことができ、各大学などへのリンクによって、電子化された論文要旨や
全文にアクセスできる。

【「CiNii Research」を使っても資料が不足する場合】

　「CiNii Research」における雑誌記事検索のメインツールは、前述したよ
うに「NDL 雑誌記事索引」です。雑誌記事索引は、全ての分野を対象にし
たジェネラル型ですが、採録基準を有しているので万能型とは言えず、採録
されていない雑誌記事・論文も存在します。もし、資料が不足した場合は、
より採録幅が広い主題専門の書誌（文献目録・索引）を使うのが良いでしょ
う。主題専門の書誌は、研究者向けが多いので、採録対象の幅が広く、「NDL
雑誌記事索引」にないものまで調査できます。主題専門の主要な書誌につい
ては、「**第5章 超便利な「主題」ごとの書誌（文献目録・索引）も使ってみ
よう**」の章で紹介しますが、さらに詳しいことを知りたい場合は、拙著『文
献調査法 第 10 版（DB ジャパン)』を参照してください。

2)「Google Scholar」Google 提供→外国論文調査に必須の調査ツール

　インターネット上に無料で公開されている国内外の学術文献をインター
ネットサーフィンで収集し、提供しています。日本語や英語、その他の言語
で書かれた論文を検索できるとともに、全文電子化資料をも入手することが
できます。

　なお、国内のものは、先述した「CiNii Research」でも、「DOI」として同
じ物が提供されていますので、国外の論文を探す場合は、こちらの調査ツー
ルを利用するのが良いでしょう。

　実際の大学図書館での経験ですが、春休みや夏休み時期になると、複数の
教員から外国雑誌に掲載された論文の複写（コピー）を一覧リスト形式にて
依頼されます。複写依頼された一覧リストを元に、「Google Scholar」で調
査してみると、およそ 6 割の論文がヒットします。もちろん全文電子化資
料であり、それを教員に伝えると教員自身が驚きます。そうしたものは、イ
ンターネットを使い、無料で入手できるので、教員自身に行ってもらうこと

により、図書館での複写作業件数は、最終的に 4 割位になります。こうした経験から、卒論に外国文献の論文を必ず使わねばならない場合は、まずは、「Google Scholar」をあたってみるのがお勧めです。それでもなかった場合は、図書館の**相互複写制度**を利用し、他館（海外の図書館からも可能）から入手すると、無駄なく効率的に文献を収集することができるのです。

4-3. 最低限知っておきたい新聞記事の探し方は？

　情報の陳腐化が早い、情報が日進月歩で変化する、時代背景を押さえたい、といった分野のレポート・卒論の場合は、それに見合った情報を収集する必要があります。こうした場合、雑誌記事よりも時事性が強い資料として、新聞記事も有効に活用できます。新聞記事調査は、明治期から今日まで、調査ツールが整備されていますので、とても有効に利用できます。次に、特定新聞社に掲載された記事を探す場合と、特定新聞社を問わない場合の二つに分けて、基本的な調査ツールを紹介しておきましょう。

1）特定新聞社の記事に限定して調査するなら各新聞社の新聞記事データベースを使う

　新聞記事の調査ツールの代表は、新聞記事のデータベースです。ほとんどの大学図書館において、次表のいずれかのデータベースを契約・導入しています。また、大学図書館になくても、最寄りの公共図書館の中央館レベルであれば、いずれかは契約・導入している可能性が高いため、何のデータベースが契約されているかを確認して活用すると良いでしょう。

（1）各社新聞のデータベースの種類

ツール名	提供元	内容
日経オンラインサービス「日経テレコン21」	日本経済新聞社	有料。国内のニュース情報の提供とともに日経4紙（日本経済新聞、日本産業新聞、日経金融新聞、日経MJ［流通新聞］）などの新聞記事などを提供。
読売新聞オンラインサービス「ヨミダス歴史館」	読売新聞社	有料。明治7（1874）年から現在までの新聞記事全文を提供。
朝日新聞オンラインサービス「朝日新聞クロスサーチ」	朝日新聞社	有料。明治12（1879）年から現在までの記事全文を提供。
毎日新聞オンラインサービス「毎索（マイサク）」	毎日新聞社	有料。明治5（1872）年から現在までの記事全文を提供。
産経新聞データベース	産経新聞社	有料。1992年9月以降の記事の文字情報（テキスト形式）に加え、2004年1月分から紙面切抜きイメージ情報を追加。

（2）特定新聞社を問わず時代を反映した新聞記事を探す

　人文科学系になると古い新聞でも有効に活用でき、特に時代背景や特定の時代に起きた出来事などを押さえたい場合にはとても効果的です。

　特定新聞社を問わない場合、例えば、国文学で文豪研究を卒論テーマにしていた場合、新聞記事に掲載された文豪の記事があれば、当時の文豪の生活の様子や病に伏していた様子、また人間関係など、本ではなかなか入手できないようなものまで収集が可能です。新聞記事まで活用することで新鮮さやオリジナリティーが加わり、卒論そのものに厚みを増すことができ、高い評価につながる可能性もあります。

　ここでは、特定新聞社を問わずに過去の新聞記事を探す調査ツールを紹介しましょう。

①ニュース事典　毎日コミュニケーションズ

　新聞記事全文ではなく、複数の新聞の中から主要な記事を選択し、選択した記事の全文からエキス部分を抽出し、まとめて編纂した事典です。特に、時代考証や時代背景を知るには優れた調査ツールです。

a.『**明治ニュース事典**』全 9 巻（内、総索引 1 巻）昭和 58（1983）～ 61（1986）年

　明治時代に発行されていた各種の新聞類から、主要な記事のエキス部分を収録。明治期とはいえ、現代の活字に打ち直されているので大変見やすく使いやすいです。

b.『**大正ニュース事典**』全 8 巻（内、総索引 1 巻）昭和 61（1986）～平成 1（1989）年

　『明治ニュース事典』の続編。「明治編」同様、入手し得る限り当時の全国紙、地方紙からニュースを収集。前者同様、ニュース記事索引ではなく、記事内容のエキス部分を収録しています。

c.『**昭和ニュース事典**』全 9 巻（内、総索引 1 巻）平成 2（1990）～ 6（1994）年

　『大正ニュース事典』の続編で、昭和元（1926）年から昭和 20（1945）年までを収録。

②新聞集成

　「集成」とあるように、各種新聞から主要記事を選択し、記事全文を集めたものです。前述したニュース事典は、記事のエキス部分を掲載していますが、こちらは記事の全文を掲載しています。

a.『**新聞集成明治編年史**』全 15 巻（内、大索引 1 巻）財政経済学会　昭和 9（1934）～ 11（1936）年

b.『**新聞集録大正史**』全 15 巻（内、総索引 1 巻）大正出版 昭和 53（1978）年

c.『**新聞集成昭和史の証言**』全 27 巻（内、総索引 1 巻）本邦書籍 昭和 58（1983）～平成 2（1990）年、SBB 出版会 平成 3（1991）～平成 4（1992）年

◇◆◇【コラム 4】「文献調査法」で良いレポート・卒論が書ける！

　主題のジャンルは多様ですが、どの主題においても一定の「文献調査法」があります。卒論を書く場合、文学・哲学・史学・芸術など、人が作った人文科学系の学科目の場合は、先人が研究した研究成果を追従する傾向が高いため、「本」が中心になりやすいです。しかし、高い評価を受けるには、多くの人が利用する本だけではなく、雑誌記事や論文を活用した方が良いでしょう。また、特に社会科学系の学科目の場合は、社会を相手にしている学問の性質から、社会変動に対応した文献を利用しなければならないので、本よりも雑誌記事や論文の方に重きが置かれやすく、自然科学や医学・工学系になると、本はほとんど使われず、雑記記事や論文利用がメインとなります。いずれの諸科学系の学科目にしても高い評価の卒論を作成するためには、雑誌記事や論文を上手に活用することが重要です。ですから、レポートや卒論を書く前に、雑誌記事や論文の「文献調査法」とその入手法をしっかりと学んでおく必要があるのです。

　この文献調査法をマスターしておけば、効率的かつ、効果的にレポートや卒論を書くことが可能です。文献調査法の詳細は、拙著『文献調査法』（2023年 7 月現在→【第 10 版】DB ジャパン 2023）があるので、学びを深めたい場合は、この本を読んで頂けると幸いです。本書では、調査法の基本中の基本のみを抽出し、紹介しています。これを知っているかいないかの差は、「雲泥の差」になるのでぜひマスターしてください。

第5章 超便利な「主題」ごとの書誌（文献目録・索引）も使ってみよう

1) 法律関係→日本は法治国家。法律問題が絡むことが多い

　日本は法治国家であることから、レポートや卒論作成において、法律問題が関係することが多く、特に社会現象を研究する学問の社会科学系においては顕著です。そこで、文献目録データベース「**法律判例文献情報**」を使えば、ほとんど不自由なく、法律関係の図書・雑誌記事・論文・主要な新聞記事まで幅広く調査が可能となります。また、電子化された法規の条文・判例全文・判例解説なども容易に入手できます。

　このツールは、法律関係において極めて基本的な調査ツールですので、法学部や法律学科を開設している大学図書館ではほとんどが契約導入しているほか、都道府県立図書館レベルであれば法律情報支援の関係から契約・導入している館は多いため、確認して利用しましょう。

【調査ツール】

　データベース「**法律判例文献情報**」（有料）＆月刊誌『**法律判例文献情報**』（第一法規、昭和 56［1981］年 4 月〜）

　冊子体と有料データベース（1981 年〜）があり、データベースは、「**D1-Law.com　第一法規 総合データベース**」（商用データベース）の中のメニューに含まれています。主題目録であるため、法律に関するあらゆる文献（図書・雑誌記事・論文・主要新聞記事）が調査可能です。

【特性】

　昭和 56（1981）年以降の法律文献、判例文献、判例評釈文献などを、より網羅的に採録。法律関係の図書、雑誌記事・紀要論文（約 1,300 誌）、新聞掲載署名論文（採録対象新聞：朝日、日経、毎日、読売）が採録されているので、1981 年以前のものでなければ、このツールのみで、ほとんどの法律関係の文献調査が可能です。なお、データベース契約すると、**判例体系データ**ベースの利用もできます。

【使い方】

　「法律判例文献情報」データベースのトップメニューには、「文献編」と「判例編」の二つがあります。判例から判例文献評釈（判例研究文献）を調べる場合は、「判例編」から入るのが便利。判例研究ではなく一般の法律文献、例えば、「表現の自由」に関する文献を調査したい場合は、「文献編」からの方が便利です。もちろん、判例に関係するものには、各判例のリンクが張られているので、同時に判例文献の調査もできます。ただし、1981 年以降から現在までの期間分のみなので留意しておく必要があります。

2）文学関係→文学部に限らず、文学絡みで書く人は多い

　国文学の人気は高く、国文学学部・学科のみならず社会科学系の大学においても文学絡みで卒論テーマを決める学生もいます。ここでは、国文学の論文調査専用ツール「**国文学論文目録データベース**」を紹介しておきましょう。

【調査ツール】
　「**国文学論文目録データベース**」国文学研究資料館提供　無料公開

【特性】
　本ツールは、**国文学研究資料館**で所蔵している国内で発表された雑誌・紀要（大学などの学術機関が出す学術雑誌）・単行本の論文集（記念論文集）などに収められた日本文学・日本語学・日本語教育の研究論文（講演や座談会の記録含む）に関する記事・論文を収載。明治 21 年から現在までのデータを公開しています。論文などのデータは随時更新されているほか、主題専門書誌であるため採録は広範囲に及びます。国立国会図書館の「**NDL 雑誌記事索引**」で見つからなかった場合は、NDL の採録基準に該当していない雑誌の可能性が高いので、こちらを利用すると良いでしょう。また、国文学研究資料館は、一般公開されている国立の専門図書館であるとともに、主題専門のレファレンスサービスを担当する「主題司書（サブジェクト・ライブラリアン）」もいますので、相談しながらレポートや卒論を作成することが

できます。

3）統計関係は統計データを入れると説得力が生まれる

　レポートや卒論の中に統計データを挿入すると、説得力が生まれたり、根拠を示したりすることができ、当然、内容の評価が高まる可能性があります。したがって、統計データを調査する基本的な調査ツールを知っておく必要があるのです。

【調査ツール】

　「政府統計の総合窓口（e-Stat）」総務省統計局提供　（無料公開）

　政府機関における各府省からは、法律で定められた指定統計のみならず、数多くの統計データが公表されています。また、これらのデータは、研究者の間でも基本的統計として引用されることが多いため、レポートや卒論作成において有効に活用すると良いでしょう。

【特性】

　政府機関の統計調査専門サイト。各府省が公開している全ての統計データを統合し、提供している、現在唯一の統計データのポータルサイトです。全府省が作成・公表する基幹統計（指定統計）（※6）など、各府省が公表する統計調査結果の中身も電子化し、数値データそのものもインターネット上で提供しています。

※6　基幹統計とは、統計法により定められたもの。例えば、国勢調査（総務省）、農林業センサス（農林水産省）、経済産業省生産動態統計調査（経済産業省）など、現在（2023年1月現在）53の基幹統計がある。

【使い方】

　特定の統計集が分かっている場合以外は、「政府統計の総合窓口（e-Stat）」トップページの「キーワード検索」から入りましょう。「キーワード検索」に必要なキーワードを入れると、そのキーワードが含まれる政府機関が公表

した統計集が複数ヒットします。その中からいずれかの統計資料に入り、その統計集に掲載されている各種データの見出しから、データに関する書誌情報が得られます。その画面の上部にある Excel や「DB（データベース）」ボタンをクリックすれば、ダイレクトに数値データ（数値図表）が現れます。最新データの場合は Excel のデータのみの場合もあります。

◇◆◇【コラム５】　文献調査法の威力—石器人から文明人に変身？

　このコラムでは、「文献調査法」の威力を知るべく実際にあったゼミ指導の例を挙げましょう。

【事例：会計学ゼミ指導時の男子学生 A 君】
　ある年、後期授業が始まったばかりの時、会計学ゼミ生の４年生を対象に「文献調査法」を指導しました。夏休み中に「卒論の８割を仕上げておくように」と、指導教員から指示が出ていましたが、大部分の学生は約束を果たしていなかったのです。理由は、「図書館に本が無い」「探し方が分からない」「図書館の利用法がよく分からない」など、図書館利用に関する理由が多数。
　そこで翌週のゼミ時間に個々人の卒論テーマを確認した後、基本的な「文献調査法」である「本の探し方」「雑誌記事の探し方」「新聞記事の探し方」の指導はもちろんのこと、「会計学文献の探し方」にまで言及しました。卒論テーマを抱えたまま後期授業に突入していた学生が多かったせいか、説明後は安堵した表情が見られました。ところが、落ち込んでいる男子学生が一人。その A 君に理由を聞くと、彼は３年の初めの時にもう卒論テーマを決めており、日々図書館を利用し、一年半近く図書館所蔵の本、雑誌記事や新聞記事のチェックやコピー入手など、卒論に関する資料を熱心に収集し、それを基に卒論を８割仕上げていました。しかし、「文献調査法」を知っていれば、わずか数日間でできるということが分かり、大きなショックを受けたと言うのです。さらに、収集した文献は、最近のものばかりで、過去の基本

的図書や重要な学術論文などのチェックが全くなされておらず、一定期間の断片的な情報に限られていることも判明。したがって、質の高い卒論に仕上げることは難しいと理解したのです。

　この質問時の頃は、彼の卒論テーマを考えれば、実は３種類の「会計学文献目録」を使えば、明治期から現在までの会計学図書や雑誌記事・論文までを簡単にチェックできます。著者の感覚（著者の学生時代の専門主題は会計学）では、文献収集と必要なコピー入手にかかる日数は、おそらく５日前後でしょう。「文献目録」という調査ツールを知らないが為に、一年半近く費やしたものの、十分な資料を収集できなかった訳です。どの分野においても、「文献調査法」があることを知っておく必要があるといえるでしょう。

第６章 文献を手軽に入手するための方法とは？

どのような文献があるかを調査しても、現物資料が無ければレポートや卒論は書けません。いかにして現物資料を入手するかということも極めて重要になるため上手な「文献入手法」を紹介しておきましょう。

6-1. 本の入手法→自館を優先、なければ相互貸借制度を利用！

①　自館に所蔵されている本を優先的に使う
図書館「OPAC」で確認。所蔵していれば優先的に利用しましょう。

②　自館に所蔵されていない本は、他館から借りる
相互貸借制度を利用。他の大学図書館、国立国会図書館などから借りることができます。大学図書館の場合は、①他の大学図書館→②国立国会図書館→③公共図書館の順になります。公共図書館の場合は、①他の公共図書館または都道府県立図書館→②国立国会図書館→③大学図書館の順になります。ただし、地域のネットワーク相互利用制度がある場合は、その限りではありません。

③　自館に所蔵されていない本は、他館を訪問する
・国立大学への訪問→身分証明書が必要となります。
・私立大学への訪問→原則として紹介状（図書館が発行する）持参が必要となります。自館のレファレンスカウンターが窓口になっていることが多いため、事前相談が必要です。

6-2. 雑誌記事・論文の入手法〜３つの段階

1）第１段階：無料データベースから学術論文の電子化資料を入手する
まず活用してほしいのが「CiNii Research」。国立情報学研究所がインターネット上で無料公開している「論文・データを探す」データベースです。
前述しましたが、この調査ツールは、PC 環境さえあれば、必要な学術的

電子化資料を最速かつ無料で入手することができます。これを使わないと大損になります（※「**4-2. 最低これだけは知っておきたい雑誌記事の探し方**」1）「CiNii Research」参照）。

2) 第 2 段階：図書館で手に入れる

　第 1 段階で文献が不足する場合は、「CiNii Research」でチェックした文献の中から無料で入手できる電子化資料を除き、さらに文献を追加選択し、それらの文献が、自前の大学図書館で入手できるか否かを「OPAC」で確認。自館に所蔵していれば、その雑誌から必要な記事・論文箇所をコピーします。

3) 第3段階：図書館相互協力制度を活用し、他館から入手する

　1,2 の段階でも文献が不足している場合は、他の図書館が所蔵する資料を活用しましょう。そこで覚えておきたいのが、図書館同士の相互協力制度です。日本国内のみならず世界的規模で行っています。図書館界では常識になっているサービスの一つです。この制度を利用すれば、自前の大学図書館を介して、容易に必要な資料の入手ができます。

　雑誌の相互利用の場合は**相互複写制度**があり、主として、遠方にある図書館の資料を入手するときに利用します。この場合は、コピー料金・郵送費などは自己負担になりますが、待っているだけで自前の大学図書館に届くので、効率的に卒論作業に取り組むことができます。

　近隣の図書館が所蔵している場合は、多くは**相互利用紹介制度**を利用し、直接近隣の図書館を訪問して目的の資料を入手しましょう。

◇◆◇ ミニコラム 【図書館の窓口はレファレンスカウンター】

　図書館の窓口は、貸出専門のカウンターに相談するのではなく、レファレンスカウンターの司書に相談するのが原則です。もしレファレンスカウンターが無い場合は、貸出カウンターに声を掛け、レファレンスサービスの担当者を呼んでもらいましょう。

　なお、相談するときは、時間的効率性から、先に紹介した「CiNii

Research」でヒットした雑誌記事や論文の書誌事項を示すことが大事なので、事前に準備しておきましょう。図書館でも再調査はしてくれますが、余計な時間がかかります。また、相互複写制度を利用する場合は、1件ごとに申込書に書誌事項（雑誌の場合は、著者名・論題・誌名・巻号・刊行年月・掲載頁の範囲）を記す必要があるので覚えておきましょう。

第 7 章 引用文献・参考文献の表示法と レポート・卒論の書き方

7-1. 引用文献・参考文献の表示

　レポートや卒論の作成は、先人たちが研究した成果などを、比較研究的視点から学習し、自分の考え方を入れて完成させることから、引用文献・参考文献を文中・巻末（文献一覧など）に表示することは極めて重要となります。引用文献や参考文献が効果的に多く使われている方が、レポートや卒論において評価が高くなるケースが多いからです。ただし、他の文献からの切り貼りのみでは、レポート・卒論とは認めてもらえないので、自説をしっかりと入れて構成しましょう。

　なお、卒論の場合、大学によっては、各自の卒論を製本（ハードカバーを付けるなどし、保存しやすくすること）し、大学図書館などに置いて、後輩が閲覧できるように配慮している場合があります。こうした場合は、著作権問題のみならず、先輩の卒論に使用された引用文献や参考文献を使い、後輩が迷うことなく追従研究ができるように、引用文献や参考文献の書誌事項（著編者名、書名、出版者、出版年など）を正しく、明確に、丁寧に記載しておくと親切です。

1）引用文献とは
　引用文献とは、ある特定の文献から他人の文章をそのまま写して書いた（引用した）文献のことを指します。「引用」とは、一字一句変えることなく他人の文章などをそのまま書き写す（引用する）という意味で、自説を証明したり、詳しく説明するために、先人たちの文章を借りて使います。文中では「」に入れて表現するのが普通で、それによって、根拠のある文献を使ったことを証明する効果があるとともに、著作権者への敬意を表し、著作権の範囲内における使用を示すことになります。なお、引用文に使われる文章は「複数の文を連ね、まとまった思想や感情を表現したもの」となり、文を連ね、まとまりのある内容に仕上げたものを指します。ですから、単なる見出しや項目は引用文にはなりませんので、注意しましょう。また、当然ながら、自分なりの言葉に言い換えてしまったり、要約したり、考え方を咀嚼したりした

ような場合は、「引用文」にはならず、「参考文献」扱いとなります。

2) 参考文献とは

　調査・研究などの参考資料にする書物などを指します。すなわち、レポートや卒論を作成する際に、他人の意見や他の事例・資料などを図書や雑誌記事などに照らし合わせてみて、自分の考え方の参考にし、自分の考えを決める手がかりに使用します。

　参考文献の使い方には、図書や雑誌記事・論文の全体を読み学びとするもの、図書の章立ての箇所のみを活用するもの、さらに章内の一部のみを活用するものなど、多様な使い方があります。いずれにせよ、引用文献のように文中に「引用文」としての使い方はせず、学習・研究にあたり「こんな文献を活用しました」という意味を示すものです。

3) 引用文献と参考文献の表示の仕方

　図書や雑誌記事から得た情報を利用する場合、「誰が書いたのか」「どの本からか」など、情報を得た出どころを「出典」として記載することで、内容の信憑性が増し、また、自分の書いたものときちんと区別することができます。

(1) 図書の場合

　図書を引用文献として使う場合の基本的な書誌事項の書き方は、①著編者名、訳者名 ②書名、③版表示（書名に含まれず版表示がされている場合［例：8 版など］）、④出版者、⑤出版年、⑥総頁、⑦引用箇所該当頁、⑧注記、の順で記載します。

　①の著者名が、共著（2 名以上が共同で書いたもの）の場合は、最初の 1 名のみを記載し、残りは「他」と記載可能。また、著者名の「著」は省略できます。訳本の場合は、著編者の後に訳者を記載します。③の書名は、略さずサブタイトルまでフルに記載。和書の場合は『』（二重鉤括弧）で示すのが一般的です。⑥の総頁では、「230p.」のように、頁の後に「p.」を付けます。頁の後に「p.」を付すことによって「総頁」という意味になりますが、総頁

は略されることが多いです。⑦の引用箇所該当頁は、「引用文」がある場合のみ記載。引用頁が数頁にまたがる場合は、「p.10-17」、または「pp.10-17」（「pp.」は、「何頁から何頁」を意味する表現法）のように表示します。しかし、「p.」や「pp.」を省略する場合もあります。

　なお、参考文献として活用した場合で、参考にした該当頁が特定できる場合は、参考箇所の該当頁を記載することもできますが、特定できないような場合（全体的に参考、複数の項目を参考など）は省略します。

　また、①著・編者名、訳者名、②書名、③版表示、④出版者、⑤出版年までは基本必須書誌事項になりますので、必ず記載しましょう。さらに、引用文がある場合は、⑦の引用箇所該当頁も記載するのが望ましいです。⑧の注記には、叢書名（シリーズ名・巻数・シリーズ番号）、ISBN（国際標準図書番号）などを記入しますが、表示義務ではなく任意項目です。

【書き方例】
（引用文献）
・日本図書館学会研究委員会『図書館における利用者教育：理論と実際』
　日外アソシエーツ .1994, 248p., p.59.　→ p.59 を引用したことが分かる。
　※ 1994, p.59. とし、総頁を略すこともできる。
（参考文献）
・日本図書館学会研究委員会『図書館における利用者教育：理論と実際』

(2) 雑誌の場合

　雑誌が出典の場合の書き方は、①著編者名、②記事・論文タイトル、③誌名、④巻号、⑤刊行年（月刊誌は「月」、週刊誌は「日」まで入れることもある）、⑥引用箇所該当頁。②の記事・論文タイトルはフルに記載します。③の誌名は、図書同様『』で示すのが一般的。④の巻号は、「2 巻 5 号」、「Vol2.No5」または「vol2.no5」、「2（5）」などの表示法があり、半角文字のみならず全角文字もあります。雑誌によっては、通巻番号を採用しているものもあり、「2巻 5 号（通巻 150 号）」、「通巻 150」、「No150」、などの表示法があります。なお、①著編者名、②論文タイトル、③誌名、④巻号、⑤刊行年までは基本

必須書誌事項になるので、必ず記載することが必要。引用文献として活用した場合は、⑥の引用箇所該当頁までを含めます。

【書き方例】
（引用文献）
・薬袋秀樹「「図書館の設置及び運営上の望ましい基準」制定の意義」『図書館雑誌』107（5）, 2013, p.264. → p.264 を引用したことが分かる。
（参考文献）
・薬袋秀樹「「図書館の設置及び運営上の望ましい基準」制定の意義」『図書館雑誌』107（5）, 2013,p.264-267. → p.264-267 は記事掲載頁の意味。省略される場合もある。

(3) 新聞の場合

　新聞が出典の場合は、①記事見出し、②紙名、③発行年月日、④朝刊・夕刊の別、⑤紙面頁、⑥注記（連載記事名など）を記載します。①の記事見出しは「」で示し、本文よりも大きな活字体になっているもので、読む側が理解しやすいようなものを拾い記載。②の紙名は図書同様『』で示すのが一般的。なお、①記事見出し、②紙名、③発行年月日、④朝刊・夕刊の別までは基本必須書誌事項になるので、必ず記載します。なお、引用文献として活用する場合は、分かれば⑤の紙面頁を記載。

【書き方例】
（引用文献または参考文献）
「支援学校教室足りず　児童生徒増　玄関転用も」『読売新聞』2022/5/21, 夕刊,11 面.

(4) ウェブサイトの場合

　最近は、ウェブサイトを利用する機会が増えてきましたが、ウェブサイトが出典の場合は、①著編者名、②記事タイトル名、②ウェブサイト名、③URL、④参照アクセス日を記載。④の参照アクセス日を記載しなければなら

ない理由は、ウェブサイトの記事が更新されることが多いことによるほか、ウェブサイトから消えることもあるためです。したがって、いつの時点での出典なのかが分かるようにしておく必要があります。

【書き方例】
（引用文献）
・日本図書館協会図書館利用教育委員会「図書館利用教育ガイドライン－大学図書館版－」日本図書館協会 .1998. p.13. URL:https://www.jla.or.jp/portals/0/html/cue/gl-u.pdf
（参照 ,2022-04-30）　→ p.13 を引用したことが分かる。
（参考文献）
・日本図書館協会図書館利用教育委員会「図書館利用教育ガイドライン－大学図書館版－」日本図書館協会 .1998. URL:https://www.jla.or.jp/portals/0/html/cue/gl-u.pdf
（参照 ,2022-04-30）

4）科学技術関係論文などでの文中表示と巻末表示
　レポートや卒論作成時の引用文献・参考文献の書き方は、大きくは２種類あります。１つ目は、引用文献・参考文献の書誌事項（【書き方例】参照）を全て文中に記載する方法。２つ目は、引用文献・参考文献を使用した旨を文中で簡易に表現し、巻末にまとめて引用文献と参考文献の書誌事項全てを記載するという方法です。
　前者の方法は、レポートや卒論の本文の字数として数えられることになるので、学部・学科や指導教員などによっては本文には含めず、巻末にまとめるように指示される場合があります。そのため、書く前に本文の字数に書誌事項全てを入れて良いか否かの確認をしておきましょう。特に書き方の指示がない場合は、２つ目の方法を採用しておくのが無難です。
　なお、引用文献・参考文献の書き方について、絶対にこうでなければならないという決まりはありませんが、科学技術関係論文や研究者論文など、世界的に共通しなければならないような分野に関しては、一定の基準が示され

ています。学生の卒論作成においては、そのような縛りはありませんが、後輩が先輩の卒論を見て、追従学習や研究ができるように配慮しておくことは大切でしょう。

　ではこれから、文中表示と巻末表示についていくつか紹介しますが、最初に世界共通とも言える科学技術関係論文や研究者論文向けとしての、権威ある表示法を紹介します。

（1）連番で巻末文献と対応させる【バンクーバー方式】

　科学技術関係の論文形式で最も多く使用されているものの 1 つが、「バンクーバー方式」です。文中に使用または活用された引用文献や参考文献に連番を振り、巻末では、参考文献として一本化し、文中の文献連番と対応させます。文中の引用文箇所や学習・研究の参考にした箇所の連番は、ルビ、半角・全角・フォント調整などをし「(1)(2)」のように表示。巻末の参考文献一覧は、文中の連番と対応させる必要性から、文中の連番表示法と巻末表示法は同じにします。この連番方式の場合は、引用文献と参考文献を統合するので、見出しの「参考文献」は広い意味の「参考文献」となります。

【事例】

「理念とは、実現のために目的化され、目的のもとに目標が立てられ、目標達成のために戦略・戦術が展開される」(1) とある。……埼玉県男女共同参画推進センターライブラリーでは、医療情報リテラシー講座を運営した(2)。相談内容……から、今、求められている情報は健康・からだ・病気と分かり講座を開催した。……医学文献の種類については、「現在の医学文献は主として雑誌論文という形をとっている。したがって、文献検索といえば主に雑誌論文の検索ということになる」(3)……。現代社会は……情報洪水という高度情報化社会となり、……情報を探索する能力を身に付ける教育が、教育現場ならず、市民生活の中にも取り入れられなければならなくなってきている(4)。

＜参考文献＞→文中及び巻末とも連番に並んでいる

（1）日本図書館協会図書館利用教育委員会『図書館利用教育ハンドブック─大学図書館版』日本図書館協会 ,2003,p.22.

（2）日本図書館協会図書館利用教育委員会『情報リテラシー教育の実践』日本図書館協会 ,2010,p.128.

（3）丸本郁子・椎葉倊子編『大学図書館の利用者教育』日本図書館協会 ,1989,p.77.

（4）毛利和弘『文献調査法　調査・レポート・論文作成必携（情報リテラシー読本）』第 9 版 , DB ジャパン ,2021, p.119.

（2）文中の引用箇所に（姓名・出版年）を入れて巻末文献と対応させる【ハーバード方式】

　こちらは、文中の引用箇所の末尾に（毛利和弘　2021）のように著者名と発行年を書き、巻末文献と対応させます。巻末の参考文献の並べ方は、バンクーバー方式の連番とは異なり、文献の著者名（編者含む）順とし、同じ著者文献が複数ある場合は、その下を発行年順とする方法です。日本語文献であれば五十音順、欧文文献であれば、アルファベット順になります。なお、例として（毛利和弘　2021）は、同姓者がいなければ（毛利　2021）と省略することも可能。なお、このハーバード方式も、バンクーバー方式同様、「参考文献」が広い意味の「参考文献」になっています。

【事例】

「理念とは、実現のために目的化され、目的のもとに目標が立てられ、目標達成のために戦略・戦術が展開される」（日本図書館協会図書館利用教育委員会 2003）とある。……埼玉県男女共同参画推進センターライブラリーでは、医療情報リテラシー講座を運営した（丸本・椎葉 1989）。相談内容……から、今、求められている情報は健康・からだ・病気と分かり講座を開催した。……医学文献の種類については、「現在の医学文献は主として雑誌論文という形をとっている。したがって、文献検索といえば主に雑誌論文の検索ということになる」（日本図書館協会図書館利用教育委員会　2010）とあるように……。現代社会は……情報洪水という高度情報化社会となり、

……情報を探索する能力を身に付ける教育が、教育現場ならず、市民生活の中にも取り入れられなければならなくなってきている（毛利和弘 2021）。

＜参考文献＞ →著編者の五十音順に並んでいる
（1）日本図書館協会図書館利用教育委員会『図書館利用教育ハンドブック─大学図書館版』日本図書館協会 ,2003,p.22.
（2）日本図書館協会図書館利用教育委員会『情報リテラシー教育の実践』日本図書館協会 ,2010,p.128.
（3）丸本郁子・椎葉儆子編『大学図書館の利用者教育』日本図書館協会 ,1989,p.77.
（4）毛利和弘（2021）『文献調査法　調査・レポート・論文作成必携（情報リテラシー読本）』第9版 ,DB ジャパン ,2021, p.119.

5）引用文献と参考文献を明確にし、高い評価を得る

　引用文として使用した「引用文献」と、「引用文」の使用はしませんでしたが、学習・研究の参考にしたという意味の「参考文献」のいずれも、レポート・卒論作成において、高い評価を得られる可能性があるので、使ったことを明確に表記することが肝要です。ポイントは、文中に、引用文献や参考文献を活用したという確かな痕跡・証拠を残すことにあります。通常、引用文は文中にて「…………」のように表示されるので、まだ分かり易いのですが、引用文のない参考文献の場合は、使用したという痕跡を残さないと読む側にとっては判別できません。前述した、バンクーバー方式とハーバード方式は、いずれも引用文献と参考文献を使用したという痕跡を明確に残すことができる方法なので、どちらかの方式を採用するのも良いでしょう。

6）表示の仕方をさらに詳しく学ぶための参考文献
（1）科学技術振興機構編『**参考文献の役割と書き方　科学技術情報流通技術基準（SIST）の活用**』2008,23p. https://jipsti.jst.go.jp/sist/pdf/SIST_booklet2011.pdf
　インターネット上でも公開されていますので、参照やダウンロードができ

ます。

（2）藤田節子『**レポート・論文作成のための引用・参考文献の書き方**』日外アソシエーツ ,2009,144p.

　科学技術情報流通技術基準『SIST02-2007 参照文献の書き方』の考え方や記号法などに準拠して詳細に述べられているため、大学院生や研究者には不可欠なもので、より深く学ぶことができます。

7-2.「レポート・論文の書き方」を学べる図書一覧

　レポートや卒論を作成するための「文献調査法」や「文献入手法」を中心に述べてきましたが、良い内容に仕上げるには、レポートや論文の書き方を学んでおく必要があります。

　ここでは、レポートや論文の書き方の参考になる本にはどのようなものがあるか、文献一覧にして紹介しておきますので、参考になれば幸いです。なお、古い本もありますが、こうした本は図書館にほとんど保存されているので、購入できないものは図書館を有効に活用しましょう。

【図書一覧】
・文章と言葉の会編『論文の書き方、レポートの作り方』新公論社 , 1955, 193p.
・竹俣一雄著『レポート・論文の書き方：そのルールとポイント』ナツメ社 ,1979,220p.
・北村巧著『レポート・小論文の書き方・まとめ方』日東書院 ,1983,223p.（Nitto business series）
・田代菊雄編『大学生のための研究の進め方まとめ方：テーマ設定からレポート・論文の書き方まで』大学教育出版 , 1992,145p.
・江川純著『レポート・小論文の書き方』日本経済新聞社 , 1998,169p.（日経文庫）
・樋口裕一著『やさしい文章術：レポート・論文の書き方』中央公論新社 ,2002,244p.（中公新書ラクレ）

・吉田健正著『大学生と大学院生のためのレポート・論文の書き方』第 2 版 ,
ナカニシヤ出版 ,2004,151p.

・松谷英明著『科学レポート・論文の書き方』ほんの森出版 , 2007, 109p.

・河野哲也著『レポート・論文の書き方入門』第 4 版 , 慶應義塾大学出版会 ,
2018, 121p.

・石井一成著『ゼロからわかる大学生のためのレポート・論文の書き方』ナ
ツメ社 ,2011,215p.

・旺文社編『大学生の文章術レポート・論文の書き方』旺文社 ,2015,151p.（大
学生活 +2 選書）

・小熊英二著『基礎からわかる論文の書き方』講談社 ,2022（講談社現代新書）

あとがき

　良いレポートや卒論を作成するには、なんと言ってもレポートや卒論を作成するための材料を収集する必要があります。美味しい料理を作ろうと思えば、良い材料を早く入手しなければならないのと同じです。材料収集としての「文献調査法」について、もっと詳しいことが知りたい場合は、毛利和弘著『文献調査法』最新版（2023 年 7 月現在：第 10 版、本体価格 1,800 円、DB ジャパン刊行）を手に取り、自学自習に励んでほしいと思います。学業のみならず、社会人になっても役立つはずです。今日は、高度情報化社会。情報航海術を知らずして情報の大海を泳ぐことは難しいものです。「文献調査法」とは、まさに情報航海術を知らしめるものです。

索引

【著者略歴】

毛利和弘（もうり・かずひろ）

亜細亜大学 図書館参考係・課長等を経て大学職員兼大学教員（図書館学）の道を長く歩む。

現在は近畿大学非常勤講師、日本図書館協会短大高専部会幹事(ワークショップ担当)、私立短期大学図書館協議会名誉会長を務めている。

サクサク書ける！良いレポート・卒論
～プロの情報リサーチ術「文献調査法から入手法まで」～

ISBN：978-4-86140-364-4

C0000

2023 年　7月25日第 1 刷発行

2023 年 11月15日第 2 刷発行

著者　　　　毛利和弘

発行者　　　道家佳織

編集・発行　株式会社 DB ジャパン

〒 151-0073　東京都渋谷区笹塚 1-52-6　千葉ビル 1001

電話　03-6304-2431

FAX　03-6369-3686

E-mail books@db-japan.co.jp

印刷　大日本法令印刷株式会社